Les PARTIES ALIQUOTES

APPLIQUÉES AUX CALCULS D'INTÉRÊTS.

Les personnes qui ont publié des ouvrages relatifs aux calculs des intérêts, se sont bornées à produire des livres ou tableaux synoptiques donnant bien, il est vrai, des produits d'intérêts exacts, mais seulement pour des sommes non fractionnées, et encore l'application en est-elle purement mécanique; de sorte que ceux qui font usage de ces ouvrages, n'en deviennent pas plus prompts pour calculer.

Par la *Méthode aliquotique,* l'intérêt se prend sur n'importe quelle somme, et on peut en faire facilement l'application, pour peu que l'on possède les premières notions d'arithmétique.

Une ou deux opérations suffisent pour résoudre la plupart des calculs.

Il est facile à celui qui se sera rendu compte des diviseurs, de décomposer celui dont il fait usage au nombre de jours dont il a besoin, et par ce moyen trouver le résultat d'une opération sans avoir fait usage de la plume, avantage qui jusqu'à ce jour n'avait été offert par aucun ouvrage.

Généralement, il est peu d'opérations qui dépassent 120 jours; c'est pourquoi la manière d'opérer n'a été indiquée que jusqu'à ce chiffre. Il n'en est pas moins facile d'opérer pour un plus grand nombre de jours; par exemple, on veut savoir le produit d'intérêt de 160 jours à 3 o/o l'an, sur une somme; on devra alors prendre sur cette somme 1 o/o et le 1/3 du produit, puisque le nombre de jours 160 est de 1/3 plus fort que celui de 120, qui à ce taux fait 1 o/o.

Il en est de même pour tous les autres.

Les tableaux trimestriels qui précèdent cette méthode sont pour compter les jours.

Exemple pour le premier tableau :

Du 31 mars au 12 juillet suivant, résultat 103 jours (qui se trouve à la suite de l'époque postérieure).

Exemple pour le dernier tableau :

Au 30 septembre du 8 juin, résultat 114 jours (qui se trouve à la suite de l'époque antérieure).

TABLEAUX TRIMESTRIELS.

TABLEAU TRIMESTRIEL

Pour compter les Jours d'une époque antérieure à une époque postérieure.

Du 31 MARS au	Nombre de Jours.	Du 31 MARS au	Nombre de Jours.	Du 30 JUIN au	Nombre de Jours.	Du 30 JUIN au	Nombre de Jours.	Du 30 SEPT. au	Nombre de Jours.	Du 30 SEPT. au	Nombre de Jours.	Du 31 DÉC. au	Nombre de Jours.	Du 31 DÉC. au	Nombre de Jours.
1er Avril	1	1er Juin.	62	1er Juill.	1	1er Sept.	63	1er Oct.	1	1er Déc.	62	1er Janv.	1	1er Mars	60
2 —	2	2 —	63	2 —	2	2 —	64	2 —	2	2 —	63	2 —	2	2 —	61
3 —	3	3 —	64	3 —	3	3 —	65	3 —	3	3 —	64	3 —	3	3 —	62
4 —	4	4 —	65	4 —	4	4 —	66	4 —	4	4 —	65	4 —	4	4 —	63
5 —	5	5 —	66	5 —	5	5 —	67	5 —	5	5 —	66	5 —	5	5 —	64
6 —	6	6 —	67	6 —	6	6 —	68	6 —	6	6 —	67	6 —	6	6 —	65
7 —	7	7 —	68	7 —	7	7 —	69	7 —	7	7 —	68	7 —	7	7 —	66
8 —	8	8 —	69	8 —	8	8 —	70	8 —	8	8 —	69	8 —	8	8 —	67
9 —	9	9 —	70	9 —	9	9 —	71	9 —	9	9 —	70	9 —	9	9 —	68
10 —	10	10 —	71	10 —	10	10 —	72	10 —	10	10 —	71	10 —	10	10 —	69
11 —	11	11 —	72	11 —	11	11 —	73	11 —	11	11 —	72	11 —	11	11 —	70
12 —	12	12 —	73	12 —	12	12 —	74	12 —	12	12 —	73	12 —	12	12 —	71
13 —	13	13 —	74	13 —	13	13 —	75	13 —	13	13 —	74	13 —	13	13 —	72
14 —	14	14 —	75	14 —	14	14 —	76	14 —	14	14 —	75	14 —	14	14 —	73
15 —	15	15 —	76	15 —	15	15 —	77	15 —	15	15 —	76	15 —	15	15 —	74
16 —	16	16 —	77	16 —	16	16 —	78	16 —	16	16 —	77	16 —	16	16 —	75
17 —	17	17 —	78	17 —	17	17 —	79	17 —	17	17 —	78	17 —	17	17 —	76
18 —	18	18 —	79	18 —	18	18 —	80	18 —	18	18 —	79	18 —	18	18 —	77
19 —	19	19 —	80	19 —	19	19 —	81	19 —	19	19 —	80	19 —	19	19 —	78
20 —	20	20 —	81	20 —	20	20 —	82	20 —	20	20 —	81	20 —	20	20 —	79
21 —	21	21 —	82	21 —	21	21 —	83	21 —	21	21 —	82	21 —	21	21 —	80
22 —	22	22 —	83	22 —	22	22 —	84	22 —	22	22 —	83	22 —	22	22 —	81
23 —	23	23 —	84	23 —	23	23 —	85	23 —	23	23 —	84	23 —	23	23 —	82
24 —	24	24 —	85	24 —	24	24 —	86	24 —	24	24 —	85	24 —	24	24 —	83
25 —	25	25 —	86	25 —	25	25 —	87	25 —	25	25 —	86	25 —	25	25 —	84
26 —	26	26 —	87	26 —	26	26 —	88	26 —	26	26 —	87	26 —	26	26 —	85
27 —	27	27 —	88	27 —	27	27 —	89	27 —	27	27 —	88	27 —	27	27 —	86
28 —	28	28 —	89	28 —	28	28 —	90	28 —	28	28 —	89	28 —	28	28 —	87
29 —	29	29 —	90	29 —	29	29 —	91	29 —	29	29 —	90	29 —	29	29 —	88
30 —	30	30 —	91	30 —	30	30 —	92	30 —	30	30 —	91	30 —	30	30 —	89
1er Mai.	31	1er Juill.	92	31 —	31	1er Oct.	93	31 —	31	31 —	92	31 —	31	31 —	90
2 —	32	2 —	93	1er Août	32	2 —	94	1er Nov	32	1er Janv.	93	1er Fév.	32	1er Avril	91
3 —	33	3 —	94	2 —	33	3 —	95	2 —	33	2 —	94	2 —	33	2 —	92
4 —	34	4 —	95	3 —	34	4 —	96	3 —	34	3 —	95	3 —	34	3 —	93
5 —	35	5 —	96	4 —	35	5 —	97	4 —	35	4 —	96	4 —	35	4 —	94
6 —	36	6 —	97	5 —	36	6 —	98	5 —	36	5 —	97	5 —	36	5 —	95
7 —	37	7 —	98	6 —	37	7 —	99	6 —	37	6 —	98	6 —	37	6 —	96
8 —	38	8 —	99	7 —	38	8 —	100	7 —	38	7 —	99	7 —	38	7 —	97
9 —	39	9 —	100	8 —	39	9 —	101	8 —	39	8 —	100	8 —	39	8 —	98
10 —	40	10 —	101	9 —	40	10 —	102	9 —	40	9 —	101	9 —	40	9 —	99
11 —	41	11 —	102	10 —	41	11 —	103	10 —	41	10 —	102	10 —	41	10 —	100
12 —	42	12 —	103	11 —	42	12 —	104	11 —	42	11 —	103	11 —	42	11 —	101
13 —	43	13 —	104	12 —	43	13 —	105	12 —	43	12 —	104	12 —	43	12 —	102
14 —	44	14 —	105	13 —	44	14 —	106	13 —	44	13 —	105	13 —	44	13 —	103
15 —	45	15 —	106	14 —	45	15 —	107	14 —	45	14 —	106	14 —	45	14 —	104
16 —	46	16 —	107	15 —	46	16 —	108	15 —	46	15 —	107	15 —	46	15 —	105
17 —	47	17 —	108	16 —	47	17 —	109	16 —	47	16 —	108	16 —	47	16 —	106
18 —	48	18 —	109	17 —	48	18 —	110	17 —	48	17 —	109	17 —	48	17 —	107
19 —	49	19 —	110	18 —	49	19 —	111	18 —	49	18 —	110	18 —	49	18 —	108
20 —	50	20 —	111	19 —	50	20 —	112	19 —	50	19 —	111	19 —	50	19 —	109
21 —	51	21 —	112	20 —	51	21 —	113	20 —	51	20 —	112	20 —	51	20 —	110
22 —	52	22 —	113	21 —	52	22 —	114	21 —	52	21 —	113	21 —	52	21 —	111
23 —	53	23 —	114	22 —	53	23 —	115	22 —	53	22 —	114	22 —	53	22 —	112
24 —	54	24 —	115	23 —	54	24 —	116	23 —	54	23 —	115	23 —	54	23 —	113
25 —	55	25 —	116	24 —	55	25 —	117	24 —	55	24 —	116	24 —	55	24 —	114
26 —	56	26 —	117	25 —	56	26 —	118	25 —	56	25 —	117	25 —	56	25 —	115
27 —	57	27 —	118	26 —	57	27 —	119	26 —	57	26 —	118	26 —	57	26 —	116
28 —	58	28 —	119	27 —	58	28 —	120	27 —	58	27 —	119	27 —	58	27 —	117
29 —	59	29 —	120	28 —	59	29 —	121	28 —	59	28 —	120	28 —	59	28 —	118
30 —	60	30 —	121	29 —	60	30 —	122	29 —	60	29 —	121			29 —	119
31 —	61	31 —	122	30 —	61	31 —	123	30 —	61	30 —	122			30 —	120
				31 —	62					31 —	123				

TABLEAU TRIMESTRIEL

Pour compter les Jours d'une époque postérieure à une époque antérieure.

Au 31 MARS du	Nombre de Jours.	Au 31 MARS du	Nombre de Jours.	Au 30 JUIN du	Nombre de Jours.	Au 30 JUIN du	Nombre de Jours.	Au 30 SEPT. du	Nombre de Jours.	Au 30 SEPT. du	Nombre de Jours.	Au 31 DÉC. du	Nombre de Jours.	Au 31 DÉC. du	Nombre de Jours.
1er Déc.	120	1er Fév.	58	1er Mars	121	1er Mai.	60	1er Juin.	121	1er Août	60	1er Sept.	121	1er Nov.	60
2 —	119	2 —	57	2 —	120	2 —	59	2 —	120	2 —	59	2 —	120	2 —	59
3 —	118	3 —	56	3 —	119	3 —	58	3 —	119	3 —	58	3 —	119	3 —	58
4 —	117	4 —	55	4 —	118	4 —	57	4 —	118	4 —	57	4 —	118	4 —	57
5 —	116	5 —	54	5 —	117	5 —	56	5 —	117	5 —	56	5 —	117	5 —	56
6 —	115	6 —	53	6 —	116	6 —	55	6 —	116	6 —	55	6 —	116	6 —	55
7 —	114	7 —	52	7 —	115	7 —	54	7 —	115	7 —	54	7 —	115	7 —	54
8 —	113	8 —	51	8 —	114	8 —	53	8 —	114	8 —	53	8 —	114	8 —	53
9 —	112	9 —	50	9 —	113	9 —	52	9 —	113	9 —	52	9 —	113	9 —	52
10 —	111	10 —	49	10 —	112	10 —	51	10 —	112	10 —	51	10 —	112	10 —	51
11 —	110	11 —	48	11 —	111	11 —	50	11 —	111	11 —	50	11 —	111	11 —	50
12 —	109	12 —	47	12 —	110	12 —	49	12 —	110	12 —	49	12 —	110	12 —	49
13 —	108	13 —	46	13 —	109	13 —	48	13 —	109	13 —	48	13 —	109	13 —	48
14 —	107	14 —	45	14 —	108	14 —	47	14 —	108	14 —	47	14 —	108	14 —	47
15 —	106	15 —	44	15 —	107	15 —	46	15 —	107	15 —	46	15 —	107	15 —	46
16 —	105	16 —	43	16 —	106	16 —	45	16 —	106	16 —	45	16 —	106	16 —	45
17 —	104	17 —	42	17 —	105	17 —	44	17 —	105	17 —	44	17 —	105	17 —	44
18 —	103	18 —	41	18 —	104	18 —	43	18 —	104	18 —	43	18 —	104	18 —	43
19 —	102	19 —	40	19 —	103	19 —	42	19 —	103	19 —	42	19 —	103	19 —	42
20 —	101	20 —	39	20 —	102	20 —	41	20 —	102	20 —	41	20 —	102	20 —	41
21 —	100	21 —	38	21 —	101	21 —	40	21 —	101	21 —	40	21 —	101	21 —	40
22 —	99	22 —	37	22 —	100	22 —	39	22 —	100	22 —	39	22 —	100	22 —	39
23 —	98	23 —	36	23 —	99	23 —	38	23 —	99	23 —	38	23 —	99	23 —	38
24 —	97	24 —	35	24 —	98	24 —	37	24 —	98	24 —	37	24 —	98	24 —	37
25 —	96	25 —	34	25 —	97	25 —	36	25 —	97	25 —	36	25 —	97	25 —	36
26 —	95	26 —	33	26 —	96	26 —	35	26 —	96	26 —	35	26 —	96	26 —	35
27 —	94	27 —	32	27 —	95	27 —	34	27 —	95	27 —	34	27 —	95	27 —	34
28 —	93	28 —	31	28 —	94	28 —	33	28 —	94	28 —	33	28 —	94	28 —	33
29 —	92	1er Mars	30	29 —	93	29 —	32	29 —	93	29 —	32	29 —	93	29 —	32
30 —	91	2 —	29	30 —	92	30 —	31	30 —	92	30 —	31	30 —	92	30 —	31
31 —	90	3 —	28	31 —	91	31 —	30	1er Juill.	91	31 —	30	1er Oct.	91	1er Déc.	30
1er Janv.	89	4 —	27	1er Avril	90	1er Juin.	29	2 —	90	1er Sept.	29	2 —	90	2 —	29
2 —	88	5 —	26	2 —	89	2 —	28	3 —	89	2 —	28	3 —	89	3 —	28
3 —	87	6 —	25	3 —	88	3 —	27	4 —	88	3 —	27	4 —	88	4 —	27
4 —	86	7 —	24	4 —	87	4 —	26	5 —	87	4 —	26	5 —	87	5 —	26
5 —	85	8 —	23	5 —	86	5 —	25	6 —	86	5 —	25	6 —	86	6 —	25
6 —	84	9 —	22	6 —	85	6 —	24	7 —	85	6 —	24	7 —	85	7 —	24
7 —	83	10 —	21	7 —	84	7 —	23	8 —	84	7 —	23	8 —	84	8 —	23
8 —	82	11 —	20	8 —	83	8 —	22	9 —	83	8 —	22	9 —	83	9 —	22
9 —	81	12 —	19	9 —	82	9 —	21	10 —	82	9 —	21	10 —	82	10 —	21
10 —	80	13 —	18	10 —	81	10 —	20	11 —	81	10 —	20	11 —	81	11 —	20
11 —	79	14 —	17	11 —	80	11 —	19	12 —	80	11 —	19	12 —	80	12 —	19
12 —	78	15 —	16	12 —	79	12 —	18	13 —	79	12 —	18	13 —	79	13 —	18
13 —	77	16 —	15	13 —	78	13 —	17	14 —	78	13 —	17	14 —	78	14 —	17
14 —	76	17 —	14	14 —	77	14 —	16	15 —	77	14 —	16	15 —	77	15 —	16
15 —	75	18 —	13	15 —	76	15 —	15	16 —	76	15 —	15	16 —	76	16 —	15
16 —	74	19 —	12	16 —	75	16 —	14	17 —	75	16 —	14	17 —	75	17 —	14
17 —	73	20 —	11	17 —	74	17 —	13	18 —	74	17 —	13	18 —	74	18 —	13
18 —	72	21 —	10	18 —	73	18 —	12	19 —	73	18 —	12	19 —	73	19 —	12
19 —	71	22 —	9	19 —	72	19 —	11	20 —	72	19 —	11	20 —	72	20 —	11
20 —	70	23 —	8	20 —	71	20 —	10	21 —	71	20 —	10	21 —	71	21 —	10
21 —	69	24 —	7	21 —	70	21 —	9	22 —	70	21 —	9	22 —	70	22 —	9
22 —	68	25 —	6	22 —	69	22 —	8	23 —	69	22 —	8	23 —	69	23 —	8
23 —	67	26 —	5	23 —	68	23 —	7	24 —	68	23 —	7	24 —	68	24 —	7
24 —	66	27 —	4	24 —	67	24 —	6	25 —	67	24 —	6	25 —	67	25 —	6
25 —	65	28 —	3	25 —	66	25 —	5	26 —	66	25 —	5	26 —	66	26 —	5
26 —	64	29 —	2	26 —	65	26 —	4	27 —	65	26 —	4	27 —	65	27 —	4
27 —	63	30 —	1	27 —	64	27 —	3	28 —	64	27 —	3	28 —	64	28 —	3
28 —	62	31 —	0	28 —	63	28 —	2	29 —	63	28 —	2	29 —	63	29 —	2
29 —	61			29 —	62	29 —	1	30 —	62	29 —	1	30 —	62	30 —	1
30 —	60			30 —	61	30 —	0	31 —	61	30 —	0	31 —	61	31 —	0
31 —	59														

EXEMPLES POUR 3 0/0 L'AN.

On veut savoir quel est le Produit d'Intérêts de 12 Jours sur.................... 2,250f

(*Voyez* 12 Jours.) Le 10e de la somme, pour Produit.............................. 2f25c

NOTA. Pour avoir le 10e d'une somme, il suffit d'en retrancher le dernier chiffre.

On veut savoir quel est le Produit d'Intérêts de 45 Jours sur.................... 315f

(*Voyez* 45 Jours.) Le 1/3 de la somme pour 40 Jours............................ 1f05c

Le 8e du Produit pour.... 5 Jours............................ 0 13c

Ensemble 45 Jours. Pour Produit... 1f18c

INTÉRÊTS A 3 0/0. DIVISEUR 120 JOURS.

JOURS.			
1	le 1/2 6e du 10e de la somme sur laquelle on opère.	31	le 1/4 et le 1/3 du 10e du produit.
2	le 6e du 10e.	32	le 5e et le 1/3 du produit.
3	le 1/4 du 10e.	33	le 1/4 et le 10e du produit.
4	le 1/3 du 10e.	34	le 1/4 et le 1/3 du 10e de la somme.
5	la 1/2 du 12e.	35	le 1/4 et le 6e du produit.
6	la 1/2 du 10e.	36	le 1/4 et le 5e du produit.
7	la 1/2 du 10e et le 6e du produit.	37	le 1/4, le 5e du produit et le 6e du dernier.
8	les 2/3 du 10e.	38	le 1/3 moins le 1/2 10e du produit.
9	les 3/4 du 10e.	39	le 5e et le 8e de la somme.
10	le 10e moins le 6e du produit.	40	le 1/3 de la somme.
11	le 10e moins le 12e du produit.	41	le 1/3 et le 1/4 du 10e du produit.
12	le 10e de la somme.	42	le 1/4 et le 10e de la somme.
13	le 10e et le 12e du produit.	43	le 1/3 et le 1/4 du 10e de la somme.
14	le 10e et le 6e du produit.	44	le 1/3 et le 10e du produit.
15	le 8e de la somme.	45	le 1/3 et le 8e du produit.
16	le 10e et le 1/3 du produit.	46	le 1/3 et le 1/2 10e de la somme.
17	le 10e, le 1/3 du produit et le 1/4 du dernier.	47	le 6e, le 8e et le 10e de la somme.
18	le 10e et la 1/2 du produit.	48	le 1/3 et le 5e du produit.
19	le 10e, la 1/2 du produit et le 6e du dernier.	49	le 1/3, le 5e du produit et le 8e du dernier.
20	le 6e de la somme.	50	le 1/3 et le 1/4 du produit.
21	le 6e et le 1/2 10e du produit.	51	le 1/3, le 1/4 du produit et le 10e du dernier.
22	le 6e et le 10e du produit.	52	le 1/3 et le 10e de la somme.
23	le 6e, le 10e du produit et la 1/2 du dernier.	53	le 1/4, le 6e de la somme et le 10e du premier.
24	le 5e de la somme.	54	la 1/2 moins le 10e du produit.
25	le 6e et le 1/4 du produit.	55	le 1/3, le 1/4 du produit et le 10e du résultat.
26	le 6e et le 1/2 10e de la somme.	56	le 1/3, le 10e de la somme et le 1/3 du dernier.
27	le 5e et le 8e du produit.	57	la 1/2 moins le 1/2 10e du produit.
28	le 5e et le 6e du produit.	58	la 1/2 moins le 1/3 du 10e du produit.
29	le 1/4 moins le 1/3 du 10e du produit.	59	la 1/2 moins le 6e du 10e du produit.
30	le 1/4 de la somme.	60	la 1/2 de la somme.

EXEMPLES POUR 4 0/0 L'AN.

On veut savoir quel est le Produit d'Intérêts de 63 Jours sur..................	3,526f
(*Voyez* 63 Jours.) La 1/2 de la somme pour 45 Jours..............................	17f63c
Le 5e de la somme pour 18 Jours..............................	7f05c
Ensemble 63 Jours. Pour Produit...	24f68c

On veut savoir quel est le Produit d'Intérêts de 102 Jours sur.................	841f
(*Voyez* 102 Jours.) 1 0/0 pour 90 Jours..	8f41c
Le 10e pour............. 9 Jours..	0f84c
Le 1/3 du dernier pour 3 Jours..	0f28c
Ensemble 102 Jours. Pour Produit...	9f53c

INTÉRÊTS A 4 0/0. DIVISEUR 90 JOURS.

JOURS.			
61	les 2/3, et le 1/3 du 10e de l'un.	91	1 0/0 et le 9e du 10e.
62	les 2/3, et le 1/3 du 10e du résultat.	92	1 0/0 et le 9e du 5e.
63	la 1/2 et le 5e de la somme.	93	1 0/0 et le 1/3 du 10e.
64	la 1/2, le 5e de la somme et le 1/2 9e du dernier.	94	1 0/0, le 1/3 du 10e et le 1/3 du dernier.
65	les 2/3 et le 6e de l'un.	95	1 0/0 et le 1/3 du 6e.
66	les 2/3 et le 5e de l'un.	96	1 0/0 et le 1/3 du 5e.
67	les 2/3, le 5e de l'un et le 6e du dernier.	97	1 0/0, le 1/3 du 5e et le 6e du dernier.
68	les 2/3, le 5e de l'un et le 1/3 du dernier.	98	1 0/0 et le 10e moins le 9e du dernier.
69	les 2/3 et le 10e de la somme.	99	1 0/0 et le 10e de la somme.
70	les 2/3 et le 1/3 de l'un.	100	1 0/0 et le 9e de la somme.
71	les 2/3, le 1/3 de l'un et le 10e du dernier.	101	1 0/0, le 9e et le 10e du dernier.
72	1 0/0 moins le 5e.	102	1 0/0, le 10e et le 1/3 du dernier.
73	la 1/2, le 5e et le 9e de la somme.	103	1 0/0, le 9e et le 1/3 du 10e de la somme.
74	les 2/3, le 5e du produit et le 6e du dernier.	104	1 0/0 et le 6e moins le 9e du 10e de la somme.
75	1 0/0 moins le 6e.	105	1 0/0 et le 6e de la somme.
76	la 1/2, le 1/3 et le 9e du 10e de la somme.	106	1 0/0 et le 5e moins le 9e du dernier.
77	les 2/3, le 1/3 de l'un et le 10e du résultat.	107	1 0/0, le 5e moins le 1/2 9e du dernier.
78	les 2/3 et le 5e de la somme.	108	1 0/0 et le 5e de la somme.
79	les 2/3, le 1/3 de l'un et le 10e de la somme.	109	1 0/0, le 9e et le 10e de la somme.
80	1 0/0 moins le 9e.	110	1 0/0, le 5e, et le 9e du dernier.
81	1 0/0 moins le 10e.	111	1 0/0, le 5e, et le 6e du dernier.
82	les 2/3, le 1/3 du produit et le 10e du dernier.	112	1 0/0, le 5e, le 6e du 5e et le 1/3 du dernier.
83	2/3, le 1/3 du prod. et le 1/3 du 10e de la somme.	113	1 0/0, le 6e, le 1/3 et 5e du 6e.
84	1 0/0 moins le 1/3 du 5e.	114	1 0/0, le 5e et le 1/3 du dernier.
85	1 0/0 moins la 1/2 du 9e.	115	1 0/0 et le 1/3 moins le 6e du dernier.
86	1 0/0 moins le 1/3 du 10e et le 1/3 du dernier.	116	1 0/0, le 5e, le 1/3 du 5e et le 1/3 du dern.
87	1 0/0 moins la 1/3 du 10e.	117	1 0/0 et le 1/3 moins le 10e du dernier.
88	1 0/0 moins le 9e du 5e.	118	1 0/0, le 5e et le 9e de la somme.
89	1 0/0 moins le 9e du 10e	119	1 0/0 et le 1/3 moins le 1/3 du 10e du dernier.
90	le diviseur, ou 1 0/0.	120	1 0/0 et le 1/3 de la somme.

EXEMPLES POUR 4 1/2 0/0 L'AN.

On veut savoir quel est le Produit d'Intérêts de 20 Jours sur.....................	52 fr.
(*Voyez* 20 Jours.) Le 1/4 de la somme. Pour Produit.........	0f13c

On veut savoir quel est le Produit d'Intérêts de 56 Jours sur....................	7,320f
(*Voyez* 56 Jours.) La 1/2 de la somme pour 40 Jours.	36f60c
Le 5e de la somme pour 16 Jours.	14f64c
Ensemble 56 Jours. Pour Produit...	51f24c

INTÉRÊTS A 4 1/2 0/0. DIVISEUR 80 JOURS.

JOURS.			
1	le 8e du 10e de la somme sur laquelle on opère.	31	le 1/4, la 1/2 du produit et le 10e du dernier.
2	le 1/4 du 10e.	32	la 1/2 moins le 10e de la somme.
3	le 1/4 du 10e et la 1/2 du produit.	33	le 1/4, la 1/2 du produit et le 10e du résultat.
4	la 1/2 du 10e.	34	2/5 et le 8e de l'un.
5	la 1/2 du 8e.	35	la 1/2 moins le 8e du produit.
6	la 1/2 du 10e et la 1/2 du produit.	36	la 1/2 moins le 10e du produit.
7	le 10e moins le 8e du produit.	37	la 1/2 moins les 3/4 du 10e du produit.
8	le 10e de la somme.	38	la 1/2 moins le 1/2 10e du produit.
9	le 10e et le 8e du produit.	39	la 1/2 moins le 1/4 du 10e du produit.
10	le 8e de la somme.	40	la 1/2 de la somme.
11	le 8e et le 10e du produit.	41	la 1/2 et le 1/4 du 10e du produit.
12	le 10e et la 1/2 du produit.	42	la 1/2 et le 1/2 10e du produit.
13	le 10e, la 1/2 du produit et le 1/4 du dernier.	43	la 1/2 et les 3/4 du 10e du produit.
14	le 5e moins le 8e du produit.	44	la 1/2 et le 10e du produit.
15	le 8e et la 1/2 du produit.	45	la 1/2 et le 8e du produit.
16	le 5e de la somme.	46	la 1/2, le 10e du produit et la 1/2 du dernier.
17	le 5e et le 1/2 8e du produit.	47	la 1/2 et le 10e de la somme, moins le 8e du dernier.
18	le 5e et le 8e du produit.	48	la 1/2 et le 10e de la somme.
19	le 1/4 moins le 1/2 10e du produit.	49	la 1/2, le 10e de la somme et le 8e du dernier.
20	le 1/4 de la somme.	50	la 1/2, et le 1/4 du produit.
21	le 1/4 et le 1/2 10e du produit.	51	la 1/2, le 1/4 du produit et le 10e du dernier.
22	le 1/4 et le 10e du produit.	52	la 1/2, le 10e de la somme et la 1/2 du dernier.
23	le 1/4, le 10e du produit et la 1/2 du dernier.	53	la 1/2, le 1/4 du prod. et les 3/4 du 10e du premier.
24	le 1/4 et le 5e du produit.	54	la 1/2, le 1/4 du produit et le 10e du premier.
25	le 1/4, et le 1/4 du produit.	55	la 1/2, le 1/4 du produit et la 1/2 du dernier.
26	le 5e et le 8e de la somme.	56	la 1/2 et le 5e de la somme.
27	le 1/4, le 1/4 du produit et le 10e du premier.	57	3/4 moins le 1/2 10e du produit.
28	le 1/4 et le 10e de la somme.	58	3/4 moins le 1/3 du 10e du produit.
29	le 1/4, le 10e de la somme et le 8e du dernier.	59	3/4 moins le 6e du 10e du produit.
30	le 1/4 et la 1/2 du produit.	60	3/4 de la somme.

EXEMPLES POUR 3 0/0 L'AN.

On veut savoir quel est le Produit d'Intérêts de 75 Jours sur..................	$11{,}436^{f}$
(*Voyez* 75 Jours.) La 1/2 de la somme pour 60 Jours............................	$57^{f}18^{c}$
Le 1/4 du produit pour 15 Jours............................	$14^{f}29^{c}$
Ensemble 75 Jours. Pour Produit...	$71^{f}47^{c}$

On veut savoir quel est le Produit d'Intérêts de 114 Jours sur..................	125^{f}
(*Voyez* 118 Jours.) 1 0/0 pour 120 Jours..	$1^{f}25^{c}$
Moins le 6e du 10e pour 6 Jours..	$0^{f}06^{c}$
Reste 114 Jours. Pour Produit...	$1^{f}19^{c}$

INTÉRÊTS A 3 0/0. DIVISEUR 120 JOURS.

JOURS.			
61	la 1/2 et le 6e du 10e du produit.	91	les 3/4 et le 9e du 10e du produit.
62	la 1/2 et le 1/3 du 10e du produit.	92	les 2/3 et le 10e de la somme.
63	la 1/2 et le 1/2 10e du produit.	93	la 1/2, le 1/4 de la somme et le 10e du dernier.
64	la 1/2 et le 1/3 du 10e de la somme.	94	le 1/3, le 1/4 et le 5e de la somme.
65	la 1/2 et le 12e du produit.	95	la 1/2, le 1/4 de la somme et le 6e du dernier.
66	la 1/2 et le 10e du produit.	96	1 0/0 moins le 5e.
67	la 1/2, le 10e du produit et le 6e du dernier.	97	la 1/2 et le 1/3 de la se moins le 1/2 10e du prem.
68	la 1/2, le 10e du produit et le 1/3 du dernier.	98	1 0/0, moins le 6e, et le 10e du dernier.
69	la 1/2, le 10e du produit et la 1/2 du dernier.	99	les 3/4 et le 10e du résultat.
70	la 1/2 et le 6e du produit.	100	1 0/0 moins le 6e de la somme.
71	la 1/2, le 6e du produit et le 10e du dernier.	101	la 1/2, le 1/3 de la somme, et le 1/4 du 10e du dern.
72	la 1/2 et le 10e de la somme.	102	les 3/4 et le 10e de la somme.
73	le 1/3, le 1/4 de la somme et le 10e du dernier.	103	la 1/2, le 1/3, et le 1/4 du 10e de la somme.
74	la 1/2, le 10e de la somme et le 6e du dernier.	104	la 1/2, le 1/3 du produit et le 5e de la somme.
75	la 1/2 et le 1/4 du produit.	105	1 0/0 moins le 8e de la somme.
76	la 1/2, le 10e de la somme et le 1/3 du dernier.	106	la 1/2, le 1/3 de la somme et le 10e du premier
77	la 1/2, le 6e du produit et le 10e du résultat.	107	les 2/3, le 5e de la somme et le 8e du dernier.
78	la 1/2, le 10e de la somme et la 1/2 du dernier.	108	1 0/0 moins le 10e de la somme.
79	la 1/2, et le 1/3 du produit moins le 1/2 10e du dern.	109	la 1/2, le 1/3, et les 3/4 du 10e de la somme.
80	la 1/2 et le 1/3 du produit.	110	1 0/0 moins le 12e de la somme.
81	la 1/2, le 1/3 du produit et le 1/2 10e du dernier.	111	1 0/0 moins 3/4 du 10e de la somme.
82	la 1/2, le 1/3 du produit et le 10e du dernier.	112	1 0/0 moins 2/3 du 10e de la somme.
83	la 1/2, le 1/3 du produit et le 1/2 10e du premier.	113	1 0/0 moins la 1/2 du 10e et le 6e du dernier.
84	les 2/3 et le 10e de l'un.	114	1 0/0 moins la 1/2 du 10e de la somme.
85	les 2/3 et le 8e de l'un.	115	1 0/0 moins la 1/2 du 12e de la somme.
86	la 1/2, le 1/3 du produit et le 10e du premier.	116	1 0/0 moins le 1/3 du 10e de la somme.
87	la 1/2 et le 1/4 de la somme moins le 10e du dern.	117	1 0/0 moins le 1/4 du 10e de la somme.
88	la 1/2, le 1/3 du produit et le 10e du résultat.	118	1 0/0 moins le 6e du 10e de la somme.
89	les 3/4, moins le 9e du 10e du produit.	119	1 0/0 moins le 1/2 6e du 10e de la somme.
90	1 0/0 moins le 1/4.	120	le diviseur, ou 1 0/0.

EXEMPLES POUR 4 0/0 L'AN.

On veut savoir quel est le Produit d'Intérêts de 15 Jours sur.................... 1,152f

(*Voyez* 15 Jours.) Le 6e de la somme. Pour Produit........ 1f92c

On veut savoir quel est le Produit d'Intérêts de 54 Jours sur.................... 84f

(*Voyez* 54 Jours.) La 1/2 de la somme pour 45 Jours. 42c

Le 10e de la somme pour 9 Jours. 08c

Ensemble 54 Jours. Pour Produit... 0f50c

INTÉRÊTS A 4 0/0. DIVISEUR 90 JOURS.

JOURS.		JOURS.	
1	le 9e du 10e de la somme sur laquelle on opère.	31	le 1/3 et le 1/3 du 10e du produit.
2	le 9e du 5e.	32	le 1/3 et le 1/3 du 5e du produit.
3	le 1/3 du 10e.	33	le 1/3 et le 10e du produit.
4	le 1/3 du 10e et le 1/3 du produit.	34	le 1/3, le 10e du produit et le 1/3 du dernier.
5	la 1/2 du 9e.	35	le 1/3 et le 6e du produit.
6	le 10e moins le 1/3 du produit.	36	le 1/3 et le 5e du produit.
7	2/3 du 10e et le 1/3 de l'un.	37	le 1/3, le 5e du produit et le 6e du dernier.
8	le 10e moins le 9e du produit.	38	le 1/3, le 5e du produit et le 1/3 du dernier.
9	le 10e de la somme.	39	le 1/3 et le 10e de la somme.
10	le 9e de la somme.	40	le 1/3 et le 1/3 du produit.
11	le 9e et le 10e du produit.	41	le 1/3, le 1/3 du produit et le 10e du dernier.
12	le 10e et le 1/3 du produit.	42	le 1/3, le 10e de la somme et le 1/3 du dernier.
13	le 9e et le 1/3 du 10e de la somme.	43	le 1/3, le 1/3 du produit et le 10e du premier.
14	le 6e moins le 9e du 10e de la somme.	44	la 1/2 moins le 9e du 10e de la somme.
15	le 6e de la somme.	45	la 1/2 de la somme.
16	le 5e moins le 9e du produit.	46	la 1/2 et le 9e du 10e de la somme.
17	le 5e moins le 1/2 9e du produit.	47	la 1/2 et le 9e du 5e de la somme.
18	le 5e de la somme.	48	la 1/2 et le 1/3 du 10e de la somme.
19	le 10e et le 9e de la somme.	49	le 1/3, le 9e et le 10e de la somme.
20	le 6e et le 1/3 du produit.	50	la 1/2 et le 9e du produit.
21	le 5e et le 6e du produit.	51	la 1/2, le 9e du produit et le 5e du dernier.
22	le 5e, le 6e du produit et le 1/3 du dernier.	52	la 1/2, le 9e du produit et 2/5es du dernier.
23	le 5e et le 1/3 du produit, moins le 6e du dernier.	53	la 1/2 et le 10e de la somme, moins le 9e du dernier.
24	le 5e et le 1/3 du produit.	54	la 1/2 et le 10e de la somme.
25	le 1/3 moins le 6e du produit.	55	la 1/2 et le 9e de la somme.
26	le 5e, le 1/3 du produit et le 1/3 du dernier.	56	la 1/2, le 9e de la somme et le 10e du dernier.
27	le 1/3 moins le 10e du produit.	57	2/3 moins le 10e de l'un.
28	le 5e et le 9e de la somme.	58	2/3 moins le 1/3 du 10e du résultat.
29	le 1/3 moins le 1/3 du 10e du produit.	59	la 1/2, le 9e du produit et le 10e de la somme.
30	le 1/3 de la somme.	60	2/3 de la somme.

EXEMPLES POUR 4 1/2 0/0 L'AN.

On veut savoir quel est le Produit d'Intérêts de 76 Jours sur.................... 425f

(*Voyez* 76 Jours.) 1 0/0 pour	80 Jours..	4f25c
Moins la 1/2 du 10e pour	4 Jours..	0f21c
Reste	76 Jours. Pour Produit...	4f04c

On veut savoir quel est le Produit d'Intérêts de 100 Jours sur................. 4,325f

(*Voyez* 100 Jours.) 1 0/0 pour	80 Jours..	43f25c
Le 1/4 pour.............	20 Jours..	10f81c
Ensemble	100 Jours. Pour Produit...	54f06c

INTÉRÊTS A 4 1/2 0/0. DIVISEUR 80 JOURS.

JOURS.		JOURS.	
61	3/4 et le 6e du 10e du produit.	91	1 0/0, le 8e et le 10e du dernier.
62	3/4 et le 1/3 du 10e du produit.	92	1 0/0, le 10e et la 1/2 du dernier.
63	3/4 et la 1/2 du 10e du produit.	93	1 0/0, le 8e et le 1/3 du 10e du résultat.
64	1 0/0 moins le 5e.	94	1 0/0 et le 5e moins le 8e du dernier.
65	la 1/2, le 1/4 de la somme et le 1/4 du dernier.	95	1 0/0, le 8e, et la 1/2 du dernier.
66	3/4 et le 10e du produit.	96	1 0/0 et le 5e.
67	3/4, le 10e du produit et le 6e du dernier.	97	1 0/0, le 5e et le 1/2 8e du dernier.
68	3/4 et le 10e de la somme.	98	1 0/0, le 5e et le 8e du dernier.
69	3/4, le 10e de la somme et le 8e du dernier.	99	1 0/0, le 8e et le 10e du résultat.
70	1 0/0 moins le 8e.	100	1 0/0 et le 1/4 de la somme.
71	1 0/0 moins le 10e, et le 8e du dernier.	101	1 0/0, le 1/4 et le 1/2 10e du dernier.
72	1 0/0 moins le 10e.	102	1 0/0, le 1/4 et le 10e du dernier.
73	3/4, le 5e du produit et le 12e du dernier.	103	1 0/0, le 1/4, le 10e du 1/4 et la 1/2 du dernier.
74	1 0/0 moins les 3/4 du 10e.	104	1 0/0, le 1/4 et le 5e du dernier.
75	1 0/0 moins la 1/2 du 8e.	105	1 0/0, le 1/4 et le 1/4 du dernier.
76	1 0/0 moins la 1/2 du 10e.	106	1 0/0, le 5e et le 8e de la somme.
77	1 0/0 moins les 3/8 du 10e.	107	1 0/0, le 5e, le 8e de la se et le 10e du dern.
78	1 0/0 moins le 1/4 du 10e.	108	1 0/0, le 1/4 et le 10e de la somme.
79	1 0/0 moins le 8e du 10e.	109	1 0/0, le 1/4, le 10e de la somme et le 8e du dern.
80	le diviseur, ou 1 0/0.	110	1 0/0, le 1/4 et la 1/2 du dernier.
81	1 0/0 et le 8e du 10e.	111	1 0/0, le 1/4, la 1/2 du 1/4 et le 10e du dernier.
82	1 0/0 et le 1/4 du 10e.	112	1 et 1/2 0/0 moins le 10e de la somme.
83	1 0/0 et les 3/8 du 10e.	113	1 0/0, le 1/4, le 1/4 du dern. et le 10e de la somme.
84	1 0/0 et la 1/2 du 10e.	114	1 et 1/2 0/0 moins 3/4 du 10e de la somme.
85	1 0/0 et la 1/2 du 8e.	115	1 et 1/2 0/0 moins le 8e du dernier.
86	1 0/0 et les 3/4 du 10e	116	1 et 1/2 0/0 moins le 10e du dernier.
87	1 0/0 et le 10e moins le 8e du dernier.	117	1 et 1/2 0/0 moins les 3/4 du 10e du dernier.
88	1 0/0 et le 10e.	118	1 et 1/2 0/0 moins la 1/2 du 10e du dernier.
89	1 0/0, le 10e et le 8e du dernier.	119	1 et 1/2 0/0 moins le 1/4 du 10e du dernier.
90	1 0/0 et le 8e.	120	1 et 1/2 0/0 de la somme sur laquelle on opère.

EXEMPLES POUR 5 0/0 L'AN.

On veut savoir quel est le Produit d'Intérêts de 18 Jours sur.................... 1,000f

(*Voyez* 18 Jours.) Le 1/4 de la somme. Pour Produit......... 2f50c

On veut savoir quel est le Produit d'Intérêts de 33 Jours sur.................... 513f

(*Voyez* 33 Jours.) Le 1/3 de la somme pour 24 Jours.............................. 1f71c

Le 8e de la somme pour 9 Jours.............................. 0f64c

Ensemble 33 Jours. Pour Produit... 2f35c

INTÉRÊTS A 5 0/0. DIVISEUR 72 JOURS.

JOURS.			
1	le 6e du 12e de la somme sur laquelle on opère.	31	le 1/3, le 1/4 du produit et le 6e du dernier.
2	le 6e du 6e de la somme.	32	le 1/3, et le 1/3 du produit.
3	le 1/4 du 6e de la somme.	33	le 1/3 et le 8e de la somme.
4	le 1/3 du 6e de la somme.	34	le 1/3, le 1/3 du produit et le 1/4 du dernier.
5	le 1/3 du 6e et le 1/4 du produit.	35	le 1/4, le 8e et le 9e de la somme.
6	le 12e de la somme.	36	la 1/2 de la somme.
7	le 12e et le 6e du produit.	37	la 1/2 et le 6e du 6e du produit.
8	le 9e de la somme.	38	la 1/2 et le 1/3 du 6e du produit.
9	le 8e de la somme.	39	la 1/2 et le 12e du produit.
10	le 9e et le 1/4 du produit.	40	la 1/2 et le 9e du produit.
11	le 9e, le 1/4 du produit et la 1/2 du dernier.	41	le 1/3, le 8e et le 9e de la somme.
12	le 6e de la somme.	42	la 1/2 et le 6e du produit.
13	le 6e et le 12e du produit.	43	la 1/2, le 6e du produit et le 6e du dernier.
14	le 6e et le 6e du produit.	44	la 1/2, le 6e du produit et le 1/3 du dernier.
15	le 6e et le 1/4 du produit.	45	la 1/2 et le 1/4 du produit.
16	le 6e et le 1/3 du produit.	46	la 1/2, le 1/4 du produit et le 9e du dernier.
17	le 1/4 moins le 1/2 9e du produit.	47	la 1/2, le 8e de la somme et le 1/2 9e du premier.
18	le 1/4 de la somme.	48	la 1/2 et le 1/3 du produit.
19	le 1/4 et le 1/2 9e du produit.	49	la 1/2, le 9e du produit et le 8e de la somme.
20	le 1/4 et le 9e du produit.	50	la 1/2, le 1/3 du produit et le 6e du dernier.
21	le 1/4 et le 6e du produit.	51	la 1/2, le 1/3 du produit et le 1/4 du dernier.
22	le 1/4, le 6e du produit et le 1/3 du dernier.	52	la 1/2, le 1/3 du produit et le 1/3 du dernier.
23	le 1/3 moins le 1/4 du 6e du produit.	53	la 1/2, le 8e et le 9e de la somme.
24	le 1/3 de la somme.	54	1 0/0 moins le 1/4 du produit.
25	le 1/3, et le 1/4 du 6e du produit.	55	la 1/2, la 1/2 du produit et le 1/2 9e du dernier.
26	le 1/4, et le 9e de la somme.	56	2/3 et le 1/3 de l'un.
27	le 1/3, et le 8e du produit.	57	2/3 et le 8e de la somme.
28	le 1/3, et le 6e du produit.	58	3/4 et le 1/3 du 6e de la somme.
29	le 1/3, le 6e du produit et le 1/4 du dernier.	59	3/4, le 1/3 du 6e de la somme et le 1/4 du dernier.
30	le 1/3, et le 1/4 du produit.	60	1 0/0 moins le 6e du produit.

EXEMPLES POUR 5 0/0 L'AN.

On veut savoir quel est le Produit d'Intérêts de 72 Jours sur.	677^f
(*Voyez* 72 Jours.) 1 0/0 sur la somme. Pour Produit...	6^{f}77^c

On veut savoir quel est le Produit d'Intérêts de 96 Jours sur.	5,341^f
(*Voyez* 96 Jours.) 1 0/0 sur la somme pour 72 Jours..............................	53^{f}41^c
Le 1/3 du Produit pour.............. 24 Jours..............................	17^{f}80^c
Ensemble 96 Jours. Pour Produit...	71^{f}21^c

INTÉRÊTS A 5 0/0. DIVISEUR 72 JOURS.

JOURS.		JOURS.	
61	3/4, le 12e de la somme et le 6e du dernier.	91	1 0/0, le 1/4 et le 1/2 9e du dernier.
62	3/4 et le 9e de la somme.	92	1 0/0, le 1/4 et le 9e du dernier.
63	1 0/0 moins le 8e du produit.	93	1 0/0, le 1/4 et le 6e du dernier.
64	1 0/0 moins le 9^e du produit.	94	1 0/0, le 1/4, le 6^e du 1/4 et le 1/3 du dernier.
65	1 0/0 moins le 1/3 et le 1/4 du 6^e de la somme.	95	1 0/0 et le 1/3 moins le 1/4 du 6^e du dernier.
66	1 0/0 moins le 12^e.	96	1 0/0 et le 1/3 de la somme.
67	1 0/0 moins le 1/3 du 6^e et le 1/4 du dernier.	97	1 0/0, le 1/3, et le 1/4 du 6^e du dernier.
68	1 0/0 moins le 1/3 du 6^e.	98	1 0/0, le 1/4 et le 9^e de la somme.
69	1 0/0 moins le 1/4 du 6^e.	99	1 0/0, le 1/4 et la 1/2 du dernier.
70	1 0/0 moins le 6^e du 6^e.	100	1 0/0, le 1/3 et le 6^e du dernier.
71	1 0/0 moins le 6^e du 12^e.	101	1 0/0, le 1/3, le 6^e du 1/3 et le 1/4 du dernier.
72	le diviseur, ou 1 0/0.	102	1 0/0, le 1/3 et le 1/4 du dernier.
73	1 0/0 et le 6^e du 12^e.	103	1 0/0, le 1/3, le 1/4 du 1/3, et le 6^e du dernier.
74	1 0/0 et le 6^e du 6^e.	104	1 0/0, le 1/3 et le 1/3 du dernier.
75	1 0/0 et le 1/4 du 6^e.	105	1 0/0, le 1/3 et le 8^e de la somme.
76	1 0/0 et le 1/3 du 6^e.	106	1 et 1/2 0/0 moins le 1/2 9^e du dernier.
77	1 0/0, le 1/3 du 6^e et le 1/4 du dernier.	107	1 et 1/2 0/0 moins le 6^e du 6^e du dernier.
78	1 0/0 et le 12^e de la somme.	108	1 et 1/2 0/0 de la somme.
79	1 0/0, le 1/3 et le 1/4 du 6^e de la somme.	109	1 et 1/2 0/0 et le 6^e du 6^e du dernier.
80	1 0/0 et le 9^e de la somme.	110	1 et 1/2 0/0 et le 1/2 9^e du dernier.
81	1 0/0 et le 8^e de la somme.	111	1 et 1/2 0/0 et le 12^e du dernier.
82	1 0/0, le 9^e et le 1/4 du dernier.	112	1 et 1/2 0/0 et le 9^e du dernier.
83	1 0/0, le 9^e, le 1/4 du 9^e et la 1/2 du dernier.	113	1 et 1/2 0/0, le 9^e de la 1/2 et le 1/4 du dernier.
84	1 0/0 et le 6^e de la somme.	114	1 et 1/2 0/0 et le 6^e du dernier.
85	1 0/0, le 6^e et le 12^e du dernier.	115	1 et 1/2 0/0, le 6^e de la 1/2 et le 6^e du dernier.
86	1 0/0, le 6^e et le 6^e du dernier.	116	1 et 1/2 0/0 et le 9^e de la somme.
87	1 0/0, le 6^e et le 1/4 du dernier.	117	1 et 1/2 0/0 et le 8^e de la somme.
88	1 0/0, le 6^e et le 1/3 du dernier.	118	1 et 1/2 0/0, le 1/4 de la 1/2 et le 9e du dernier.
89	1 0/0, le 8e et le 9e de la somme.	119	1 et 1/2 0/0, le 9e de la somme et le 12e de la 1/2.
90	1 0/0 et le 1/4 de la somme.	120	2 0/0 moins le 6e du produit.

EXEMPLES POUR 6 0/0 L'AN.

On veut savoir quel est le Produit d'Intérêts de 10 Jours sur......................	300f
(*Voyez* 10 Jours.) Le 6e de la somme. Pour Produit.........	0f50c

On veut savoir quel est le Produit d'Intérêts de 35 Jours sur....................	924f
(*Voyez* 35 Jours.) La 1/2 de la somme pour 30 Jours.	4f62c
Le 6e du produit pour... 5 Jours.	0f77c
Ensemble 35 Jours. Pour Produit...	5f39c

INTÉRÊTS A 6 0/0. DIVISEUR 60 JOURS.

JOURS.			
1	le 6e du 10e de la somme sur laquelle on opère.	31	la 1/2 et le 1/3 du 10e du produit.
2	le 1/3 du 10e de la somme.	32	la 1/2 et le 1/3 du 10e de la somme.
3	la 1/2 du 10e de la somme.	33	la 1/2 et le 10e du produit.
4	la 1/2 du 10e et le 1/3 du produit.	34	la 1/2, le 10e du produit et le 1/3 du dernier.
5	le 12e de la somme.	35	la 1/2 et le 6e du produit.
6	le 10e de la somme.	36	la 1/2 et le 5e du produit.
7	le 10e et le 6e du produit.	37	la 1/2, le 5e du produit et le 6e du dernier.
8	le 10e et le 1/3 du produit.	38	la 1/2, le 5e du produit et le 1/3 du dernier.
9	le 10e et la 1/2 du produit.	39	la 1/2, le 5e du produit et la 1/2 du dernier.
10	le 6e de la somme.	40	la 1/2 et le 1/3 du produit.
11	le 6e et le 10e du produit.	41	la 1/2, le 1/3 du produit et le 10e du dernier.
12	le 5e de la somme.	42	la 1/2 et le 5e de la somme.
13	le 6e et le 1/2 10e de la somme.	43	la 1/2, le 1/3 du produit et le 10e du premier.
14	le 5e et le 6e du produit.	44	la 1/2, le 1/3 du produit et le 10e du résultat.
15	le 1/4 de la somme.	45	1 0/0, moins le 1/4 du produit.
16	le 6e et le 10e de la somme.	46	la 1/2, le 5e de la somme et le 1/3 du dernier.
17	le 1/4 et le 1/3 du 10e de la somme.	47	3/4 et le 1/3 du 10e de la somme.
18	le 5e et la 1/2 du produit.	48	1 0/0, moins le 5e du produit.
19	le 1/3 moins le 1/2 10e du produit.	49	1 0/0, moins le 6e, et le 10e du dernier.
20	le 1/3 de la somme.	50	1 0/0, moins le 6e du produit.
21	le 1/3 et le 1/2 10e du produit.	51	3/4 et le 10e de la somme.
22	le 1/3 et le 10e du produit.	52	la 1/2, le 1/3 de la somme et le 10e du dernier.
23	le 1/3 et le 1/2 10e de la somme.	53	la 1/2, le 1/3 de la somme et le 10e du premier.
24	le 1/3 et le 5e du produit.	54	1 0/0, moins le 10e du produit.
25	le 1/3 et le 1/4 du produit.	55	3/4 et le 6e de la somme.
26	le 1/3 et le 10e de la somme.	56	1 0/0, moins les 2/3 du 10e du produit.
27	la 1/2, moins le 10e du produit.	57	1 0/0, moins la 1/2 du 10e du produit.
28	la 1/2, moins le 1/3 du 10e de la somme.	58	1 0/0, moins le 1/3 du 10e du produit.
29	la 1/2, moins le 1/3 du 10e du produit.	59	1 0/0, moins le 6e du 10e du produit.
30	la 1/2 0/0 de la somme.	60	le diviseur, ou 1 0/0.

EXEMPLES POUR 6 0/0 L'AN.

On veut savoir quel est le Produit d'Intérêts de 63 Jours sur. 1,507f

(*Voyez* 63 Jours.) 1 0/0 pour 60 Jours.. 15f07c
La 1/2 du 10e pour 3 Jours.. 0f75c
Ensemble 63 Jours. Pour Produit... 15f82c

On veut savoir quel est le Produit d'Intérêts de 108 Jours sur.................. 924f

(*Voyez* 108 Jours.) 2 0/0 pour 120 Jours.. 18f48c
Moins le 10e du Produit pour 12 Jours.. 1f84c
Reste 108 Jours. Pour Produit... 16f64c

INTÉRÊTS A 6 0/0. DIVISEUR 60 JOURS.

JOURS.			
61	1 0/0 et le 6e du 10e du produit.	91	1 et 1/2 0/0 et le 1/3 du 10e du dernier.
62	1 0/0 et le 1/3 du 10e du produit.	92	1 et 1/2 0/0 et le 1/3 du 10e du premier.
63	1 0/0 et la 1/2 du 10e du produit.	93	1 et 1/2 0/0 et le 10e du dernier.
64	1 0/0, la 1/2 du 10e et le 1/3 du dernier.	94	1 et 1/2 0/0, le 10e de la 1/2 et le 1/3 du dernier.
65	1 0/0 et le 12e du produit.	95	1 et 1/2 0/0 et le 6e du dernier.
66	1 0/0 et le 10e du produit.	96	1 et 1/2 0/0 et le 10e de la somme.
67	1 0/0, le 10e et le 6e du dernier.	97	1 et 1/2 0/0, le 10e de la somme et le 6e du dernier.
68	1 0/0, le 10e et le 1/3 du dernier.	98	1 et 1/2 0/0, le 10e de la somme et le 1/3 du dernier.
69	1 0/0, le 10e et la 1/2 du dernier.	99	1 et 1/2 0/0 et le 10e du produit.
70	1 0/0 et le 6e du produit.	100	1 et 1/2 0/0 et le 1/3 du dernier.
71	1 0/0, le 6e et le 10e du dernier.	101	1 et 1/2 0/0, le 1/3 de la 1/2 et le 10e du dernier.
72	1 0/0 et le 5e du produit.	102	1 et 1/2 0/0 et le 5e de la somme.
73	1 0/0, le 6e et le 1/2 10e de la somme.	103	1 et 1/2 0/0, le 1/3 et le 10e de la 1/2.
74	1 0/0, le 5e et le 6e du dernier.	104	1 et 1/2 0/0, le 5e de la somme et le 6e du dernier.
75	1 0/0 et le 1/4 de la somme.	105	1 0/0, la 1/2 et la 1/2 du dernier.
76	1 0/0, le 6e et le 10e de la somme.	106	1 et 1/2 0/0, le 1/3 de la 1/2 et le 10e de la somme.
77	1 0/0, le 6e et le 10e du résultat.	107	1 0/0, la 1/2, la 1/2 du dern. et le 1/3 du 10e du prem.
78	1 0/0, le 5e et la 1/2 du dernier.	108	2 0/0 moins le 10e du produit.
79	1 0/0 et le 1/3, moins le 1/2 10e du dernier.	109	2 0/0 moins le 6e de l'un et le 10e du dernier.
80	1 0/0 et le 1/3 du produit.	110	2 0/0 moins le 6e de l'un.
81	1 0/0, le 1/3, et le 1/2 10e du dernier.	111	2 0/0 moins le 10e et 1/2 10e de l'un.
82	1 0/0, le 1/3 et le 10e du dernier.	112	2 0/0 moins le 10e et le 1/3 du 10e de l'un.
83	1 0/0, le 1/3 et le 1/2 10e de la somme.	113	2 0/0 moins le 10e et le 6e du 10e de l'un
84	1 0/0, le 1/3 et le 5e du dernier.	114	2 0/0 moins le 10e de l'un.
85	1 0/0, le 1/3 et le 1/4 du dernier.	115	2 0/0 moins le 12e de l'un.
86	1 0/0, le 1/3 et le 10e de la somme.	116	2 0/0 moins 2/3 du 10e de l'un.
87	1 et 1/2 0/0 moins le 10e du dernier.	117	2 0/0 moins le 1/2 10e de l'un.
88	1 0/0, le 1/3 et le 10e du résultat.	118	2 0/0 moins le 1/3 du 10e de l'un.
89	1 et 1/2 0/0 moins le 1/3 du 10e du dernier.	119	2 0/0 moins le 6e du 10e de l'un.
90	1 et 1/2 0/0 de la somme.	120	2 0/0 de la somme sur laquelle on opère.

Cette MÉTHODE s'applique également à tous les taux d'intérêts, qu'ils soient ou non fractionnés.

Exemple pour ceux des Taux les plus usités :

A 1 0/0 l'an : le 1/3 du produit de l'opération à 3 0/0.
A 1 1/2 0/0 l'an : la 1/2 du produit de l'opération à 3 0/0.
A 2 0/0 l'an : la 1/2 du produit de l'opération à 4 0/0.
A 2 1/2 0/0 l'an : la 1/2 du produit de l'opération à 5 0/0.
A 3 0/0 l'an : opérer d'après les tableaux d'autre part.
A 3 1/2 0/0 l'an : opérer comme à 3 0/0 plus le 6e du produit.
A 3 3/4 0/0 l'an : opérer comme à 3 0/0 plus le 1/4 du produit.
A 4 0/0 l'an : opérer d'après les tableaux d'autre part.
A 4 1/4 0/0 l'an : opérer comme à 4 0/0 plus le 16e du produit.
A 4 1/2 0/0 l'an : opérer d'après les tableaux d'autre part.
A 4 3/4 0/0 l'an : opérer comme à 4 1/2 0/0 plus le 18e du produit.
A 5 0/0 l'an : opérer d'après les tableaux d'autre part.
A 5 1/4 0/0 l'an : opérer comme à 5 0/0 plus le 20e du produit.
A 5 1/2 0/0 l'an : opérer comme à 5 0/0 plus le 10e du produit.
A 5 3/4 0/0 l'an : opérer comme à 6 0/0 moins le 24e du produit.
A 6 0/0 l'an : opérer d'après les tableaux d'autre part.
A 6 1/4 0/0 l'an : opérer comme à 6 0/0 plus le 24e du produit.
A 6 1/2 0/0 l'an : opérer comme à 6 0/0 plus le 12e du produit.
A 7 0/0 l'an : opérer comme à 6 0/0 plus le 6e du produit.
A 7 1/2 0/0 l'an : opérer comme à 6 0/0 plus le 1/4 du produit.
A 8 0/0 l'an : opérer comme à 6 0/0 plus le 1/3 du produit.
A 9 0/0 l'an : opérer comme à 6 0/0 plus la 1/2 du produit.
A 10 0/0 l'an : deux fois le produit de l'opération à 5 0/0.
A 12 0/0 l'an : deux fois le produit de l'opération à 6 0/0.

Quand la somme sur laquelle on opère est terminée par un ou plusieurs zéros, on peut les reporter à la suite des jours, et obtenir par ce moyen une opération plus facile.

Exemple : Pour connaître l'Intérêt de 3,600 fr. à 5 0/0 l'an pendant 57 Jours :
On opère comme s'il y avait 36 Jours sur.. 5,700 fr.
Soit pour ce nombre de Jours, 1/2 0/0 de la somme. Pour Produit... 28f50c

Paris, Imprimerie d'Ad. Moessard et Jousset, rue de Furstemberg, 8.

www.ingramcontent.com/pod-product-compliance
Lightning Source LLC
LaVergne TN
LVHW010340230826
846091LV00009B/3955

9782019238933